AF242307

REVUE ORLÉANSVILLAISE

A PROPOS DES ÉLECTIONS PROCHAINES

par

UNE NOCTAMBULE

ACCOMPAGNÉE DE L'ILLUSTRE DOCTEUR FRANTZ MATHÉUS

Publiée par BOURDON aîné

D'ORLÉANSVILLE

La critique n'est autre chose que le bon sens perfectionné par la logique.　　　(BOISTE)

C'est sur les imperfections des hommes qu'il faut attacher sa critique.　　　(VOLTAIRE)

PRIX : 1 FRANC 25 CENTIMES

MILIANA

IMPRIMERIE TYPOGRAPHIQUE EUG. GUILLAUME

Novembre 1871.

REVUE ORLÉANSVILLAISE

A PROPOS DES ÉLECTIONS PROCHAINES

par

UNE NOCTAMBULE

ACCOMPAGNÉE DE L'ILLUSTRE DOCTEUR FRANTZ MATHÉUS

Publiée par BOURDON aîné

D'ORLÉANSVILLE

La critique n'est autre chose que le bon sens perfectionné par la logique. (BOISTE)

C'est sur les imperfections des hommes qu'il faut attacher sa critique. (VOLTAIRE)

PRIX : 1 FRANC 25 CENTIMES

MILIANA

IMPRIMERIE TYPOGRAPHIQUE EUG. GUILLAUME

Novembre 1871.

NOTE DU RÉDACTEUR.

Nous prévenons les lecteurs que le jugement prononcé par la Noctambule sur chaque figure mise en scène, n'est donné qu'après le procès-verbal d'ouverture des opérations qui ont commencé dans la nuit du 15 au 16 octobre 1871.

Or, ils pourront se dispenser de lire les pages précédentes à cette nuit-là, ne devant les considérer que comme avant-propos.

REVUE ORLÉANSVILLAISE

*Lettre de la Somnambule à M. Bourdon,
à Orléansville.*

Alger, 1er octobre 1871.

CHER MONSIEUR BOURDON,

Il y a bien des mois déjà que vous me pressez de venir continuer la revue légèrement commencée des types qu'offrent à la critique, votre chère cité. Depuis longtemps, si je vous avais écouté, j'aurais cédé à votre impatience, pour ne rien produire de bon; mais, dans cette pensée, j'ai fait la sourde oreille, ne vous en déplaise!

Les événements politiques qui se sont succédés rapidement ayant changé la face des choses, il en résulte que nous avons beau jeu aujourd'hui, pour montrer notre perspicacité devinatrice concernant l'esprit d'Orléansville au point de vue de l'économie politique. La haute politique n'étant plus à l'ordre du jour, nous ne ferons désormais que de la politique de clocher.

C'est, dira-t-on, peu de chose, mais peu importe à moi, qui veut que ce soit beaucoup et qui prétends qu'il serait à désirer que l'on s'occupât partout comme chez vous des intérêts qui s'y rattachent.

En effet, examinant attentivement les choses (passez-moi la digression suivante à laquelle je suis amenée par les réflexions qu'elles m'ont suggérées), on ne voit dans tous les pays que des ambitieux; très peu d'entre eux possèdent les qualités indispensables pour diriger ou organiser les affaires d'une commune, encore bien moins d'un arrondissement, et cependant voyez-les grouillant, s'agitant et décochant des traits plus ou moins acérés sur celui-ci ou celui-là, faisant de la philanthropie à bon marché et à brûle-pourpoint, cherchant le déplacement d'intérêts acquis, intriguant eux-mêmes ou faisant intriguer leurs amis ou agents.

Mais, dites-moi bien sincèrement, est-ce que toutes ces manœuvres-là ne cachent pas un but tout personnel ? car elles me font l'effet de ressembler aux assauts que se donnent les athlètes, c'est à qui fera tomber l'autre, et encore moins toutefois cette différence que les forces réelles n'étant pas proportionnées, c'est par la ruse que l'ignorance tombe l'honnêteté et l'intelligence.

Effronterie et comédie que tout cela !

Les voyez-vous apparaître, ces bienfaiteurs de l'humanité, quand ils croient le danger passé; d'où viennent-ils donc ? il y a bien longtemps qu'ils ne s'étaient pas montrés, et au jour du réveil, flamberge au vent, ils vont à la bataille en prenant pour devise : *Ote-toi de là que je m'y mette,* et pour mot de ralliement : *Guerre à outrance.*

C'est donc le vrai moment de causer des charlatans de cette espèce, en disant tout ce que la critique peut avoir de prise contre eux. Nous ne nous permettrons pas de parler des actions de personne; nous ne nous en prendrons qu'aux ridicules et aux vices de conformation de chacun. C'est chose assez facile et notre rôle est tout tracé. Pour cela, nous mordrons à belles dents, en nous associant à eux, pour ajouter au désordre des idées régnantes déjà, avec cette satisfaction d'avoir la ferme conviction que jamais lumière ne se fait ni plus claire ni plus limpide qu'après l'orage.

Cela dit, je reviens à vous.

Vous avez sans doute appris mes regrets, quand vous avez connu le départ de Mlles Césarine et Célinette. Ce sont deux filles qui me reviendront sans doute, mais hélas! quand et comment? Leur abandon m'obligeant de renoncer à mes projets d'aller vous voir, j'ai imaginé un plan qui vous offrira de fameuses compensations. Jugez-en plutôt.

La Noctambule, Mme Rasimus, que j'ai entretenue de mes projets et de la déception que me causait l'impossibilité où je me trouvais de ne pouvoir vous tenir parole, s'est offerte fort gracieusement pour me remplacer. Et puis (ô Fortune, que tu es belle quand tu veux nous sourire!) est-ce que, pour comble de bonheur, l'illustre docteur Frantz Mathéus ne vient pas d'arriver à Alger? qui, après avoir pris connaissance de nos desseins, nous a fait la courtoisie de consentir à accompagner la Noctambule.

Rien à vous dire de ce célèbre original, qui se chargera de vous expliquer sa doctrine, sinon qu'il est désopilant à la manière des regrettés Arnal, Touzet, Hoffmann, etc., etc., et que la terre n'en peut nourrir de pareil. Ainsi, vous êtes fixé; écrivez pour les faire venir près de vous quand vous le voudrez, et comme de mon autorité privée, j'ai décidé que vous devrez recueillir les notes qu'ils prendront, vous les accompagnerez dans leurs courses nocturnes, pour les classer et les faire publier ensuite, en me confiant ce soin si vous le voulez pour aller vite.

J'espère qu'avant peu nous rirons tous ensemble du succès de nos farces, car bien que cachant en elles un fonds de vérité incontestable, vous verrez qu'il y aura plus d'une dupe qui se fâchera. Tant mieux ; ce sera notre meilleur profit.

Indiquez, suivant votre connaissance du pays, les sujets susceptibles d'être mis en scène ; traduisez juste, car on frappera sans partialité ni sans distinction. La vérité, rien que la vérité mise à jour et visible par un prisme jusqu'alors inconnu à Orléansville depuis l'occupation romaine. Aussi, allons-nous avoir par là une belle occasion de passer notre temps utilement et agréablement.

Je compte sur votre concours et votre dévouement pour activer les opérations. Pour moi, de loin comme de près, mon ami, je vous serai toujours bien sincèrement attachée.

Et en attendant votre réponse avec les réflexions nécessaires, recevez, cher Bourdon, mes baisers de mère.

La Somnambule.

Lettre de Mme Rasimus la Noctambule, à M. Bourdon, d'Orléansville.

Alger, le 2 octobre 1871.

Monsieur,

La lettre de ma bien chère amie la Somnambule vous dit avec quel empressement j'ai accepté sa proposition d'aller la remplacer auprès de vous, accompagnée de l'illustre Mathéus, qui vient ajouter par sa présence à ma bonne fortune.

Faites et disposez de nous comme vous voudrez. Le

docteur attend votre lettre d'acceptation, et nous partirons ensemble au premier signal.

Agréez mes civilités.

La Noctambule.

Lettre de M. Bourdon à la Somnambule, à Alger.

Orléansville, 4 octobre 1871.

Ma très chère Dame,

J'ai reçu votre affectionnée lettre remplie de bonnes nouvelles, et puisqu'il faut me résigner à ne pas vous recevoir, vos précieuses sympathies en atténuent le regret.

J'accepte avec plaisir l'offre que vous m'avez faite d'accompagner la Noctambule et ce bon docteur Mathéus. J'ai reçu une lettre de la première, à laquelle je me suis empressé de répondre. Je vais écrire aussi au docteur. Ces deux lettres, qui vous seront communiquées, vous diront suffisamment tout le plaisir que j'aurai de les recevoir et de les suivre.

Le docteur m'est connu par ses œuvres excentriques. J'ai beaucoup ri en les lisant ; mais que sera-ce donc en l'écoutant et lorsque je pourrai contempler sa bonhomie, son air si froid et si convaincu quand il développe sa sublime méthode.

En ce qui me concerne, je saurai sans aucune réserve remplir ma condition ; ne craignant rien, je n'ai peur de rien, et mon indépendauce comme caractère vous est d'ailleurs assez connue pour que vous ne puissiez en douter. Que l'on jabote, que l'on tripote et que l'on tricote, ça m'est complètement inférieur (mot nouvellement adopté ici), car mon opinion est fortifiée de bien des choses.

Je pense comme vous que la critique est utile, car critiquer des hommes sans valeur au point de vue de la question politique, c'est flageller l'ambitieux. Or, on ne peut critiquer ces hommes-là qu'en parlant de leurs infortunes physiques, faute d'autres moyens pour cela, et puis généralement c'est toujours suivi d'un bon effet : ça fait rire et dans ce cas-là, le rire tue.

Le contraire a lieu si elle rencontre des hommes sérieux, libéraux et capables, car son rôle est complètement changé. Elle encourage ce qui lui paraît devoir être encouragé, elle signale des erreurs ou des fautes commises, lorsqu'elle s'en aperçoit, et là finit sa mission toute désintéressée.

Dites je vous prie à nos voyageurs de préparer leurs malles pour dimanche prochain 8 octobre courant. J'aurai l'honneur de les recevoir au chemin de fer.

Recevez, Madame, tout ce qu'il y a de bon et d'affectueux dans mon cœur, et agréez mes respects.

Bourdon.

Lettre de M. Bourdon à M. le docteur Mathéus,
à Alger

Orléansville, le 5 octobre 1871.

Respectable Monsieur,

Permettez-moi de vous exprimer toute la joie que vous allez me procurer en accompagnant la Noctambule.

Joie si grande et si vive, que pour en goûter parfaitement tous les charmes, je n'en veux entamer la plus petite parcelle avant de vous voir. En conséquence, je viens vous prier de ne point m'écrire, car je ne désire vous connaître qu'en vous écoutant, et n'étaient les préparatifs pour vous recevoir confortablement dans une maison pauvre, je vous aurais dit : accourez bien vite.

Aussitôt prêt, j'en aviserai la Somnambule.

Recevez, illustre Docteur, mes bien respectueux compliments, et croyez au bon accueil qui vous est réservé.

BOURDON.

Réponse de M. Bourdon à Mme Rasimus, Noctambule.

Orléansville, 5 octobre 1871.

MADAME,

Merci mille fois, et préparez-vous; de mon côté, je fais activer l'aménagement de votre logement.

A bientôt. La Somnambule devra vous faire connaître exactement le jour du départ.

Pardonnez à mon laconisme et recevez mes compliments respectueux.

BOURDON.

Notice historique sur le Docteur Mathéus.

(Extrait des Mémoires de Coco Peter.)

L'illustre Docteur Mathéus exerçait la médecine dans une petite bourgade appelée Graufthal, située sur la limite des Vosges et de l'Alsace. Sa passion dominante était la métaphysique, et un beau jour il prit la généreuse résolution d'éclairer le monde de ses lumières, et pour cela il quitta ses malades et voyagea en compagnie de son premier disciple Coco Peter, dont bientôt vous connaîtrez le caractère par ses manières de faire.

Frantz Mathéus était docteur en médecine de la Faculté de Strasbourg, membre correspondant de l'Institut chirurgical de Prague et de la Société nationale des sciences de Gœttingue, conseiller vétérinaire des Haras de Wurtzbourg, et qui jadis, par un concours de circonstances vraiment effrayantes, fut chirurgien-major de la bande si renommée des Schinderannes, puis ensuite auteur d'un magnifique ouvrage en *seize volumes in-quarto* intitulé PALINGÉNÉSIE PSHYCOLOGICO-ANTHROPO-ZOOLOGIQUE, expliquant la création spontanée, la transformation des corps et la pérégrination des âmes, alléguant Brahma, Vichnou, Siva, Isis, Osiris, Thalès de Milet, Héraclite, Démocrite, enfin tous les philosophes cosmologiques, tant anciens que modernes.

Notice historique sur Mᵐᵉ Rasimus la Noctambule.

(Extrait des Mémoires de Kasper)

Née à Bergzabern, près Mayence, en 1809, elle se

livra de bonne heure à son penchant pour le surnaturel et acquit bien vite une certaine célébrité.

Restée fille pour conserver son indépendance, afin de pouvoir se consacrer cœur et âme à sa vocation, qui lui a été inspirée, dit-elle, par une soudaine apparition à la suite d'une maladie cruelle, elle est restée fidèle et plus que jamais convaincue des ressources que peut offrir à la science, sa lucidité dans beaucoup de circonstances.

Sa modestie égale son talent, les dons nombreux qui lui ont été offerts, ne lui ont servi que pour retirer de la misère des malheureux qu'elle croyait rendre heureux.

Aussi est-elle restée en grande vénération dans les contrées qu'elle a parcourues.

Ainsi soit-il !

Comment Coco Peter est devenu le premier disciple de Frantz Mathéus, et comment il avait compris sa mission.

(Note du Rédacteur.)

Coco Peter est d'une famille de Bohémiens de la vraie Bohême, espèce de mendiants qui ne vivent que dans les bois; sa mère s'appelait la Pie-Noire et avait élevé son fils avec beaucoup d'économie ; mais Coco Peter devenu grand, poussé par la volonté irrésistible de ne pas rester davantage parmi sa famille, la quitta un jour, en s'échappant du gourbi paternel, pour vivre des ressources que lui offraient sa volonté et son intelligence. Le hasard l'ayant amené au Graufthal, il s'y fixa et fut bientôt employé par tout le monde pour faire les commissions de la bourgade.

C'est ainsi qu'il fit la connaissance du Docteur, dont il captiva l'amitié par ses reparties joyeuses, par sa figure pleine et rosée qui respirait la franche gaîté.

Quelques années plus tard, aprèr avoir reçu les leçons du Docteur et compris le maître, il s'attacha à sa doctrine et se proclama lui-même son premier disciple, tout prêt à le suivre partout, pour la répandre dans l'univers entier et puis se fit secrétaire du nouvel édifice inauguré par Mathéus, fondé sur les trois règnes de la nature.

N. B. Coco Peter étant tombé malade à Marseille, n'a pu suivre son maître qu'il attend au retour.

Première harangue de Coco Peter.

Ah ! ah ! dit-il au public, vous ne vous attendiez pas à cela ? Et bien ni moi non plus !

Mais écoutez :

Nous allons prêcher dans l'univers; moi, je marche en avant ! Crin-crin ! crin-crin ! crin-crin ! le monde arrive, j'annonce la pérégrination des âmes, ça flatte le public, et houpsasa ! on mange bien, on boit bien, on dort partout et on roule sa bosse, et houpsasa! on se promène par-ci par-là, et houp, et houp, et houpsasa!

Nous vous faisons savoir, qu'au lieu de s'envoler au ciel, comme dans les anciens temps, l'âme des hommes et des femmes rentre dans les animaux, et celle des animaux, dans les plantes, arbres ou légumes; ça dépend de leur conduite, et qu'au lieu d'être venus dans ce monde par le moyen d'Adam et d'Ève, ainsi que plusieurs le disent, nous avons été d'abord choux, raves, carottes, poissons ou autres animaux à deux ou quatre pattes.

Choses faciles à croire, avec un peu de bonne volonté.

Procès-verbal et observation du Docteur.

Le quinze octobre mil huit cent soixante-onze, avant minuit. Nuit du dimanche au lundi.

Les opérations commenceront, suivant les règles voulues, de minuit à quatre heures du matin, et ainsi de suite sans interruption jusqu'à la fin. Procès-verbal en est dressé.

Observation du Docteur.

Il me paraît convenable, chère Noctambule, de ne rechercher nos éligibles que par-ci par-là, car une rue entière pourrait nous donner trop à faire dans une même nuit, comme aussi rendre par trop reconnaissables les honorables dont nous avons à nous occuper.

En évitant ce danger prévu par le grand Demiourgos, le seul intermédiaire entre la Divinité et la race humaine, nous remplirons dignement la sublime mission que nous a confiée l'Être des êtres en nous prêtant son échelle pour arriver jusqu'à lui.

Nous étant conformé ensuite aux usages qui précèdent la sortie d'une Noctambule,

Nous sortons, il est minuit et vous disons bonne nuit.

PREMIÈRE NUIT.

Commençons par ce monsieur qni ne dort pas encore; c'est une douleur intérieure qui l'en empêche, ou bien, comme il règne encore une certaine animation au rez-de-chaussée de la maison qu'il habite, peut-être bien est-ce ce bruit-là qui cause son insomnie.

Après quelques recherches assez embarrassantes sur le compte du propriétaire de la maison, j'ai su par hasard qu'il s'appelait Monsieur Ledur, et voici comment :

Mon embarras ayant été communiqué au Docteur, en élevant la voix, j'ai été entendu par un gamin encore errant, qui m'aborda et s'empressa de me dire : Vous ne savez pas pourquoi on l'appelle ainsi, Madame? eh bien, je vais vous le dire : c'est que son cœur est aussi dur que pierre.

— Docteur, votre avis sur ses affinités avec la nature, s'il vous plait ?

— Cet homme, bien assurément, ne peut mieux être défini comme caractère que par l'enfant qui en a parlé si naïvement. Mais comme dans l'univers certaines transformations qui paraissent surnaturelles à la plupart de notre race, sont expliquées par la pérégrination des âmes, je conclus qu'il appartient encore, malgré sa transformation, que je ne m'explique pas, au troisième règne de la nature; en conséquence, mon devoir m'impose de trancher la question en disant qu'il ne faut pas de conseiller municipal appartenant à ce règne-là.

———

Bien loin dans l'Est de la ville, je pénètre dans un appartement où un homme dort d'un sommeil indiquant son état fiévreux. Rien ne m'empêche de l'examiner à mon aise. Cela fait, voici mes réflexions :

Il est indescriptible, d'un caractère opiniâtre et presqu'indomptable, souvent rébarbatif aux institutions qui ne sont pas de son goût, laissant jaser sur son compte en bien ou en mal sans se préoccuper autrement de ces discours-là ; il rit de de tout, convaincu que c'est le seul moyen de se mettre au-dessus de ces petites misères de la vie qui ne peuvent affecter qu'un cerveau malade.

Il dit souvent :

Me trouvez-vous bon ? — bon.

Me trouvez-vous mauvais ? — bien, vous n'avez peut-être pas tort.

Me connaissez-vous ? — non ! eh bien, passez.

— Docteur, que pensez-vous ?

— Cet homme, à cause de sa volonté fortement accentuée, peut être assimilé au genre des mammifères, famille classée en latin parmi les mulus dont, suivant moi, il serait un merveilleux produit si, d'après ma méthode, la transformation s'était opérée en descendance directe.

Sa volonté inébranlable peut le rendre utile ; mais ne comptez que sur vos convictions, car assurément elles doivent être mieux assises que les miennes.

Pesez surtout.

—

Orléansville est bien assurément un pays curieux à étudier pour un physiologiste. Que d'infirmités, bon Dieu !

Regardez cet homme dont la tête et la bouche, par une conformité remarquable, inclinent à droite si vous vous placez en face de lui, ou à gauche s'il vous tourne le dos. Examinez-le lorsqu'il se sert de sa cavité articulaire et laisse voir ce qui lui reste des trente-deux dents dont la nature l'avait gratifié, qui aujourd'hui quoique jaunies par le temps, seraient bonnes encore soit pour l'offensive ou la défensive.

Je n'ai aucune autre remarque à faire sur ce sujet que je ne considère que comme un fruit sec, à cause de son caractère qui m'a produit instantanément l'effet de suivre l'inclinaison de sa physionomie, sinon que c'est un homme oublieux et sans goût, qui se croit superbe.

— Célèbre ami, qu'en dites-vous ?

— Votre ignorance de la structure humaine, vous a égarée en n'apercevant pas cette particularité que possède votre sujet, au point de vue de l'harmonie : c'est que tout son corps suit la même obliquité; la preuve en est tellement palpable que, conformément à la loi de l'équilibre, vous ne le verrez jamais sans lui trouver les mains dans les poches ou derrière le dos, un bras toujours arqué pour maintenir son corps en parfait aplomb.

Aucun remède n'étant possible, Demiourgos l'ayant voulu, je vais le classer parmi les spécifères de l'espèce des vains et vaniteux dans l'ordre animal, et vous dire pour conclure,

Impossible !

—

Je ris de bon cœur en traçant ma dernière silhouette, car j'ai devant moi un avocat impossible que la Somnambule n'a pu étudier faute de temps.

Savez-vous ce qu'avec beaucoup de toupet il a répondu à la Somnambule qui, ayant eu l'occasion de l'entendre et après l'avoir compris, lui a demandé en plaisantant quel avait été son maître en droit ?

Tout bonnement ceci : Cherchez, madame, parmi

les anciens maîtres, celui qui causait beaucoup pour ne rien dire dans les tribunaux ou assemblées de Rome et qui pour cette cause en fut chassé par ordre de l'empereur, qui trouvait qu'après avoir voulu démontrer surabondamment, il n'avait jamais pu ni su arriver à une conclusion, et qu'en fatiguant de la sorte son auditoire, le seul moyen d'en finir était de l'exclure malgré toute l'estime dont il jouissait généralement pour l'honorabilité de son caractère.

Voyez, de nos jours, parmi ceux que l'on ne peut exclure parce que les lois ont changé, celui qui ressemble le plus à cet ancien-là, et vous aurez trouvé mon maître.

— Que dites-vous de sa franchise, Docteur?

— Malgré mon admiration pour son indépendance, je déplore les ravages causés par le coléoptère qui s'est introduit furtivement dans sa cervelle, car cela nuit énormément à l'élucidation de ses pensées. Or, comme n'étant pas indispensable, on peut s'en dispenser.

Il peut être assimilé comme descendance à l'espèce des bouvreuils d'origine antérieure.

Sur ce, bonjour à tous et à ce soir.

DEUXIÈME NUIT.

Je tiens en ce moment une figure agréable à croquer; elle n'a pourtant d'originalité que par sa persistance à vouloir servir de solide doublure à une étoffe usée. Des observations lui ont été faites à ce sujet par ses vrais amis; mais comme il persiste à n'en point tenir compte et qu'il paraît se plaire dans un milieu qui n'est pas le sien, je pense   andidat, que les électeurs feraient bien de l   iser le   mps de retremper sa religion politique tout cet hiver à la source d'un bon feu pour remplacer le calorique qu'il a perdu.

Ne vous étonnez personne de ce raisonnement risqué et tout métaphorique, vous êtes assez galants pour le pardonner, même à une vieille femme, j'en suis certaine.

— Docteur, quelle peut être son affinité la plus vraie avec les autres genres de la nature ?

— Il provient d'une petite famille de sciuriens dont l'écureuil fait partie, et vous savez, estimée Noctambule, que l'écureuil n'est qu'un acrobate, vif, souple, adroit et très-habile aux tours de passe-passe.

Passons.

—

Voyez-donc ce drôle de sujet, Docteur, qui ne dort pas encore à cette heure-ci; il est dans le plus complet déshabillé et il écrit. Pourtant il n'a pas l'air d'un étudiant, et les outils que je vois à côté de lui, m'indiquent qu'il a besoin du compas, de l'équerre et du rabot pour exercer son métier.

Je suis intriguée; que peut-il écrire ? Retirez-vous un instant, messieurs, afin que je puisse l'aborder sans le déranger de ses méditations.....

— La personne à laquelle il adresse son épître n'est pas nommée, il lui dit : Je ne suis pas ambitieux et on m'accuse de l'être; les honneurs que j'ai reçus dans les réunions populaires, je ne les ai pas recherchés; je suis un patriote zélé et franc; j'adore la vérité et ne demanderais pas mieux que le travail fût plutôt à l'ordre du jour que la politique. Et pourtant je suis mis à l'index par des gens qui prétendent que je fais de la politique. — C'est indigne.

(Ici est un point d'interruption.)

— Docteur, cette figure est intérressante en effet ; méditez-donc sur ses affinités.

— A cause de sa philosophie, je suis obligé de le classer comme provenant d'une plante de la famille des cucurbitacées originaire de l'Asie, dont le nom est donné en compagnonnage aux ouvriers mariés de son métier.

Mais cependant, à cause de sa physionomie ouverte, bonne, heureuse, et son teint coloré, je dois ajouter qu'il provient des crustacés, animal de l'ordre des décapodes qui devient d'un rouge vif par la cuisson.

Tartempion passant, dit : oh ! que c'est ça !

—

Voici, Docteur, un citoyen sérieux et de bon conseil, mais flegmatique comme presque tous les gens du Nord et comparable à un Brewer de Preston.

— Docteur, à votre tour, dites, s'il vous plaît, votre avis.

— A cause des produits classés en botanique parmi le genre de plantes monocotylédones, de la famille des graminées et d'un autre genre classé dans la famille des urticées, qu'il emploie tous les deux, ce candidat peut être assimilé aux hyménoptères, tribu des formicaires, race travailleuse et prévoyante qui vous procure des rafraîchissements qu'en toute saison il fait bon d'utiliser.

Cela suffit, je crois.

—

J'ai du plaisir à voir cet homme qui rabote d'aussi bon matin ; sa figure épanouie et dont les joues sont coloriées d'un léger vermillon respire la santé. Il est gras, trapu et toujours gai. Ça doit être un honnête homme, car point de santé sans tranquillité morale.

— Qu'en pensez-vous, cher Mathéus ?

— Vous avez dit vrai, car suivant ma méthode il doit provenir d'une bien ancienne race dans l'ordre de la mammifèrerie pélagienne dont les cétacés-morses sont la première expression. Mais ne vous y trompez pas, cette assimilation-là ne peut que vous lui faire accorder la même confiance qu'ont pour notre race ces animaux-là.

Compris.

—

Parmi les rafraîchisseurs, je viens d'en apercevoir un qui est maigre, rageur et entiché d'une idée, mais au fond brave et honnête homme et qui possède de la glace en la saison chaude pour calmer ceux de ses amis qui sont plus exaltés que lui.

— Docteur, qu'avez-vous à dire de ce sujet, déjà honoré de certains suffrages ?

— C'est un sylphe dénommé par Paraclèse et Gabarès, nom donné en théosophie au genre élémentaire de leur doctrine.

Allez chercher ça !

—

Les ambitieux ont souvent le tort de trop ambitionner. Voici pourquoi :

Lorsqu'ils recherchent les honneurs avec l'argent, ils devraient comprendre que dans le siècle où nous vivons, même à Orléansville, on sait comprendre que celui qui u'est que par trop exclusivement porté â ses intérêts, ce qui est irréprochable, ne peut cependant veiller ni contribuer à la prospérité des autres.

— On n'ignore pas cela, sans doute ?

— Non, madame, car c'est vrai.

— Et vos réflexions?

— Ce candidat provient d'un ordre classé en botanique parmi l'espèce des renoués que l'on appelle blé noir, bouquet, bouquette, bucaille, millet cornu, millet noir, etc., etc., toutes plantes fructifères.

On verra.

—

Il faut finir cette nuit par un sujet assez difficile à esquisser.

Pour bien connaître sa pensée, si vous comptez sur lui, vous ne la saurez jamais. Il est charmant, aimable et vous enseigne avec un bon sens indiscutable ce que généralement les hommes mettent peu en pratique. C'est la discrétion, aussi bien pour ce qui les concerne comme pour ce qui ne devrait pas les intéresser.

La Fortune n'a pas ménagé ses faveurs à ce sujet-là ; mais disons qu'aussitôt sa main offerte, notre homme l'a saisie de façon à se l'attacher toujours et qu'il a compris à merveille cette maxime : aide-toi et Dieu t'aidera, comme une vérité qu'il a mise en pratique. Aussi l'a-t-on vu faire exécuter de grands travaux dont l'exécution a été irréprochable et pourra-t-on dire de lui que nul n'est plus vigilant ni plus apte.

Toujours sur la brèche pour préparer la défense, il ne combat que l'inertie et la mauvaise volonté des siens ouvriers. Examinez ses yeux et la forme de son organe de l'odorat qui peut servir d'entrepôt aux amateurs de nicotine en poudre s'ils en avaient un semblable, et vous n'aurez qu'à écouter ce que va dire le Docteur.

— Répondez, s. v. p.

— Je ne puis classer cette figure assez singulière que parmi le genre ornithologique, espèces parmi lesquelles on distingue les oiseaux de proie, qui ne vivent qu'à force de patience et de prudence.

Il en faut comme cela.

Bonjour. A demain

TROISIÈME NUIT.

Qu'est-ce qui passe ainsi près de moi ? Ah ! ah ! c'est Khamsas Khamsine, l'ancien avocat général, paragraphe : zoudje, tlèta, arba.

— D'où vient-il, Docteur ?

— Ma foi, madame, c'est bien plutôt à vous qu'à moi de le deviner.

— Je ne pense pas qu'il soit à la recherche d'un coupable pour faire un nouveau réquisitoire, mais il pourrait bien se faire qu'il vienne de prôner sa candidature chez de ses amis pour entrer dans le nouveau conseil, car tout le monde veut arriver à quelque chose ici.

— Docteur, vos observations, s'il vous plait ?

— Les affinités de ce monsieur sont assimilables au genre des mammifères, espèce des ruminants dont la gent moutonnière fait partie; il ne peut en effet provenir que d'une nature teudre et innocente surtout, ce qui fait que tout le monde ne lui ressemble pas.

Voilà !

Je m'incline en présence d'un homme distingué comme mathématicien; cependant il a le malheur de ne pos posséder l'aplomb qui convient pour être gracieux.

Electeurs, en consultant un niveleur, il vous répondrait de suite : c'est vrai, car où l'équilibre ne règne pas vous ne pouvez jamais établir de solides fondations. Mais il ne s'agit pas de cela pour être conseiller, car l'aplomb du mathématicien n'a de valeur que s'il réside dans sa tête et non pas dans ses extrémités opposées ; en conséquence rien ne lui manquerait si vous n'aviez pas d'autres observations à objecter.

— Docteur, à votre tour.

— Votre artiste appartient à l'ornithologie du nom vulgaire donné à l'étourneau d'Europe qui ne diffère du perroquet que parce qu'il conserve en sifflant ou en parlant le ton enrhumé qui ne peut convenir dans une assemblée où il faut prendre souvent la parole.

C'est dommage, mais impossible.

—

Il est deux frères originaires du pays des marmottes et des ramoneurs, qui sont bien connus ici.

L'un est Monsieur le Rat des Champs et l'autre est Monsieur le Rat des villes.

Quoique fort dignes tous les deux, il faut absolument ne pas s'occuper de Monsieur des Champs pour étudier Monsieur de la Ville, dont nous allons esquisser le portrait.

C'est un bon travailleur, un homme zélé, affable et libéral que l'on trouve partout lorsqu'une cause utile le réclame. La population l'a déjà honoré de suffreges assez significatifs et il faut espérer qu'elle s'en rappellera.

— A vous, cher Docteur.

— Quoique nés dans le pays qui nourrit des rongeurs paresseux qui ne dépensent que très péu leur existence et dorment toujours, nos deux types descendent en ligne directe des insectes de la famille des hyménoptères que l'on range dans la tribu des mellifères, et je vous garantis qu'il y a de quoi former de belles ruches avec des sujets semblables.

Continuez à bien réfléchir.

—

O grand Demiourgos ! que vois-je ? Un fameux qui, loin de ressembler à de la vraie fine-champagne de Cognac, ne gagne pas comme elle en vieillissant.

Depuis quelque temps cet homme, que des ravages physiques n'ont pas épargné en lui causant d'irréparables désastres, est devenu d'un hideux repoussant qui vous donne froid. Ajoutez avec cela un abord aussi peu sympathique que ses traits, et puis un moral s'harmonisant avec le tout, et vous connaîtrez mon individu.

Quel malheur, mon Dieu, quand vous n'épargnez pas ! car on dit que c'est un honnête homme.

Il est tellement convaincu, ce malheureux, de son véritable état auquel il ne peut se résigner, qu'il emploie toutes sortes d'expédients dont il se sert, Dieu seul sait comment, car il se cache. Jugez-en de par ma science indiscrète : Pour parer à ses imperfections les plus visibles afin de les dissimuler, il a recours à tous les objets de luxe dont les gandins se servent et que l'on trouve ici chez Jourde, chez Genesse, les marchands de nouveautés et chez tous les tailleurs brevetés ou non. Ce n'est pas tout encore : notre sujet, qui sait que tous les soins qu'il accorde à la partie supérieure de son individu ne peuvent suffire, a perfectionné l'art de la coquetterie en imaginant des moyens très ingénieux pour tâcher d'arriver à son but, et que nous allons vous faire connaître.

Ainsi en ne se chaussant que des produits les plus distingués du bottier, il a trouvé que pour conserver leur première fraîcheur, il fallait les mettre en formes chaque soir en les quittant. Cette opération étant régulièrement faite (il s'en est assuré), réussit à merveille. Voilà pour la partie inférieure. Maintenant, quant aux deux membres desquels on se sert pour beaucoup d'usages, ils sont de sa part l'objet de soins particuliers. Oh ! qu'il est beau alors ! lorsqu'après avoir terminé sa toilette, il s'admire avec une complaisance toute béate devant son armoire à glace en examinant un à un le brillant de ses ongles taillés (il faut lui rendre cette justice) comme par un artiste, et après quoi folâtrant de joie il déploie ses bras comme s'ils étaient des ailes en leur faisant décrire un courbe gracieuse qui lui permet de s'abuser un moment.

Encore une fois, nous disons que c'est un malheur, et si grand que nous le déplorons bien sincèrement; car quoi de plus terrible que de n'aspirer qu'au majestueux quand on ne peut atteindre que le risible ! Enfin puisque ça n'empêche pas d'être honnête, qu'y faire ?

— Illustre docteur, que pensez-vous des affinités que puisse avoir cet homme, suivant votre doctrine ?

— Rien ne m'embarrasse plus que la résolution d'une pareille question, à cause de la vérité accablante qui frappe les types de ce genre, qui sont assez rares. Mais, d'après l'échelle des êtres, vous avez devant vous un individu faisant partie des insectes de la famille des aptères, genre myriapodes à cause des pattes crochues qu'ils ont à leurs extrémités composées d'anneaux.

Conclusion : Impossible parceque c'est superlativement démontré, aujourd'hui surtout, qu'il ne faut que des guerriers.

Finis coronat opus.

Un homme cumulant naguère deux honneurs que bien des gens à de certains jours aimeraient volontiers voir passer devant leurs portes plutôt que de la lui voir franchir, me paraît sérieux, très actif et d'une ponctualité digne d'éloges.

— Ses affinités, Frantz Mathéus ?

— Je suis distrait... Une personne qui passe m'intéresse, je l'étudie... d'où vient-elle ?

— Taisez-vous, homme léger, ou vous me feriez douter de votre doctrine.

— Je me tais, chère Noctambule, et vous dis que votre sujet appartient comme descendance indirecte aux insectes de la famille des hyménoptères, que l'on range dans la tribu des mellifères...

Ma foi, je suis heureux de pouvoir constater que j'ai trouvé pas mal de ce genre-là ici ; si j'en rencontrais encore beaucoup, il y aurait une bien belle ruche à Orléansville dans peu de temps.

Avis aux amateurs de miel.

—

Vraiment, je n'aurais jamais cru possible qu'il existât autant d'avocats à Orléansville, car toute proportion gardée en raison de sa population pouvant être admissible, Paris en possédant autant pour illustrer son barreau, deviendrait une seconde Babylone.

Quand je vous disais, Docteur, que ce pays nous offrait toutes les ressources possibles ! — Je tiens un Cicéron que j'ai l'honneur de vous présenter et dont je vais vous dire l'histoire.

Cet homme a failli devenir un jésuite parce qu'il a été élevé par eux; mais assez à temps il a pu jeter le froc aux orties, et n'ayant jamais revêtu depuis que les dépouilles d'Horace, il est devenu ce que les hommes de sa trempe deviennent toujours : ni jamais pauvre ni jamais riche.

Attendez un instant. Il reste à dire, pour clore cet incident de sa vie, qu'il a conservé un certain cachet de raideur que lui a imprimé son école et qui consiste dans le maintien obligé par une règle invariable, et dont vous pouvez avoir une faible idée si vous vous rappelez les promenades que font les chantres d'un lutrin dans le chœur d'une église en accomplissant force simagrées à pas et à gestes comptés comme les automates de Vaucanson.

On ne pourrait cependant trouver ici un esprit ni plus droit ni plus judicieux, si ses affinités avec l'espèce du genre rongeur originaire de la Savoie, dont il est pour plus d'un le gagne-pain, ne le rendait d'une indifférence telle, qu'il ne songe pas plus à lui qu'aux autres et que la léthargie qui frappe cette sorte de sciuriens pendant six mois consécutifs de l'année dure autant chez notre homme, quoique par des intermittences équivalentes aux six mois d'engourdissement de ces intéressantes bêtes.

— Docteur, vous avez la parole.

— Vous avez anticipé sur ma science en esquissant un être au point de vue de l'échelle humaine, un des grands principes fondamentaux de ma méthode; néanmoins, je ne puis qu'applaudir à votre juste coup-d'œil.

C'est un philosophe d'autant plus vrai, qu'il vit au milieu de gens qui ne le sont pas du tout.

Consultez-le lui-même, il vous répondra :

Impossible.

———

Un homme chez lequel vont tous ceux qui ont quelque chose à laisser pour faire des ingrats, lorsqu'il leur

paraît utile de préparer leur passage pour l'autre monde, est en ma possession.

Ce candidat est indispensable, ses titres à votre confiance sont nombreux, et comme vous les connaissez,
je n'ajouterai rien qu'en priant no're célèbre ami de
nous donner ses idées sur cet homme, au point de vue
de la science psychologique.

— Très-bien, mais je crois impossible de pouvoir
comparer ce sujet respectable qui appartient au genre
des mammifères, espèce des bipèdes, parmi laquelle
l'homme est classé au premier rang, car à certains si-
gnes caractéristiques, je reconnais mon impuissance à
ne pouvoir désigner sa véritable origine.

Conclusion : original, type moderneinconnu des anciens naturalistes.

Encore une étude.

—

Aristide dit le Juste, fut banni d'Athènes par l'ostracisme, parce qu'on lui reprochait de ne dire que la
vérité (qui n'est pas toujours agréable à entendre).

Thémistocle, philosophe et bon général, en fut banni
aussi par l'ostracisme, pour avoir perdu sa dernière
bataille, malgré les importants services qu'il avait ren-
dus auparavant.

En ce temps-là, les noms des bannis par le peuple
étaient inscrits par son ordre sur des tables de terre
cuite. Aujourd'hui, le peuple, au moyen du suffrage
universel qu'il a conquis, peut parler d'une autre manière, sans faire de l'arbitraire.

Le suffrage universel bien raisonné suivant sa véritable expression et bien compris dans son application,
peut se charger sans bruit de faire toutes les épura-
tions sociales nécessaires à la réorganisation morale du
pays. Malheureusement c'est son application qui est vi-

cieuse faute d'être raisonnée, parceque les électeurs sont encore bien loin de comprendre l'importance de leur mandat.

C'est un grand malheur, en effet, mais comme pour savoir il faut apprendre, et que le champ pour cela est accessible à qui le voudra, il faut se résigaer pour prendre patience et avoir confiance en l'avenir. Et alors on verra cesser tout ce fracas, ce tapage infernal qui se fait autour de certains hommes.

Un candidat mérite la confiance ou ne la mérite pas; c'est à vous de le connaître. Montrez vous-fermes dans vos convictions et gardez-vous bien de la passion qui conseille le mal. Rendez-vous compte et dans votre justice reconnaissez celui qui fait du bien et s'il peut vraiment en faire. Aidez-le; c'est en faisant ainsi que vous pouvez lui en faciliter l'occasion, car n'oubliez pas que les bonnes actions sont toujours profitables.

Les réflexions précédentes sont faites à cause d'un sujet autour duquel on fait pas mal de bruit, sur lequel il est dit des choses fort peu flatteuses par les uns, du bien par les autres; enfin qui réunit à lui tout seul presqu'autant d'opinions sur son compte qu'il y a de rues à Orléansville.

Le moment étant proche, réfléchissez mûrement pour ne pas commettre une faute.

— Veuillez, s'il vous plaît, Docteur, étudier ce portrait au point de vue psychologique.

— Cela m'est assez difficile pour être compris du public, car je ne saurais définir à son gré les nombreuses affinités qu'il lui accorderait volontiers. J'indiquerai seulement sa descendance suivant ma méthode de la palingénésie, qui m'assure qu'il provient du genre qu'en néologie on classe les vulpins. Et pour prouver à la masse que je l'ai étudiée et comprise, je me contenterai de citer ces vers de Lalanne :

> Crains la fouine avide et mets au même rang
> La belette qui boit leur vie avec leur sang;
> Et méfie-toi du squale !...

et ceux-ci de Jean-Baptiste Rousseau :

> .. La grossièreté
> D'un bon et franc bourru qui dit la vérité
> Me plaît mille fois plus que les douceurs polies
> D'un tas de complaisants qui flatte nos folies.

Comme je pourais encore en citer beaucoup, sans contenter tout le monde, je m'abstiens et vous dis Bonjour..

QUATRIÈME NUIT.

Ah ! voici l'homme du jour le plus à la mode. J'ai lu avec beaucoup d'intérêt de ses écrits nouvellement publiés, contenant des diatribes par ma foi assez violentes contre des gens qu'assurément il n'aime pas.

Cette apparition spontanée d'un homme de lettres à Orléansville, qui par modestie sans doute, a cru devoir ne point se révéler plus tôt, nous amène à rechercher dans le passé quelles ont été ses productions littéraires antérieurement à cette année. Nos recherches ont eu un plein succès; nous avons découvert un manuscrit précieux traitant d'explorations maritimes entreprises par un illustre marin qu'une horrible mort a ravi à son pays qui le regrettera toujours.

C'est à bord du vaisseau monté par ce brave et savant navigateur que notre trop modeste écrivain a tenu un journal de ses observations pittoresques, des épisodes qu'il a recueillis avec beaucoup de soin et qu'il a su rendre avec un talent tout à fait distingué. Le beau et le terrible y sont imagés d'une manière saisissante; enfin sa lecture est pleine de charmes.

Vous dire quelle était à bord la condition de l'auteur m'est impossible, ce n'est pas ce qui m'occupe; mais je ne puis moins faire ici que de lui exprimer, au nom de la science, tous mes regrets pour l'avoir privée de documents aussi précieux. La faute en revient au coupable seulement; nous l'excusons volontiers en appréciant sa réserve comme un impôt imposé au vrai mérite. Mais nous espérons sincèrement que dorénavant toute réserve sera levée de sa part et que les dédommagements auxquels nous avons le droit d'attendre, nous seront largement accordés.

Depuis longtemps, quoique n'ayant pas quitté le plancher des vaches, après avoir subi tous les flux et les reflux de la terre ferme, nous voyons se fourrer partout notre ancien marin, pour de bonnes œuvres. C'est vraiment beau.

Mais il faut néanmoins que ce bienfaiteur compte avec la population qui, je l'ai remarqué avec intérêt, a compris la ficelle et qui ne voulant pas servir aux desseins astucieux de n'importe quel ambitieux, ne lui accordera aucun des échelons de son échelle pour le faire monter au Capitole.

— J'ai fini, Docteur. Veuillez me dire à votre tour un terme de comparaison qui puisse démontrer les rapports qu'il y a entre ce bipède et le règne animal.

— Il ne m'a pas été difficile de remarquer la ressemblance frappante qui existe entre votre sujet et sa provenance. J'affirme en conséquence qu'il provient du genre ornithologique de l'ordre des passereaux, espèce voluptueuse qui se nourrit du bourgeon des

fleurs et des fruits les plus délicats. La nature en
nourrit de plus bêtes.

— Qu'en dites-vous, Noctambule ?

— J'opine, que je confirme mes idées premières,
parce que c'est faire preuve de tact et de bon goût en
découvrant la ficelle et surtout de la faire connaître.

— Merci madame, on examinera avec circonscpec-
tion.

— Mathéus, je suis fatiguée.

— Docteur aussi, Noctambule.

Cependant je ne puis m'empêcher de vous exprimer
le regret véritable que vous me faites éprouver en ce
moment en vous voyant attacher vos regards, d'une manière par trop significative, sur cette persienne à demi
entr'ouverte qui laisse voir une charmante et sémil-
lante silhouette, et cela avec une attention si persistrnte
qu'elle est peu en rapport avec les convenances que
vous devriez garder envers moi, par décence d'abord,
et ensuite à cause de vote sacrée mission.

— Vous avez raison Noctambule, et moi aussi. Est-
ce qu'en vertu de ma science je ne dois point obéir à
ses lois qui m'ordonnent d'étudier toujours? Très souvent je suis obligé, l'occasion se rencontrant, d'examiner les êtres créés, d'une magnifique création provenant de la grandeur d'une cause première que nous
devons avoir tous en grande vénération; c'est la femme.

Or, la personne que vous me reprochez d'avoir trop
examinée a été en effet l'objet d'une étude réfléchie, ce
qui précisément est mon excuse; car elle est belle,
son affinité avec la famille des gallinacées, espèce pro-
lifique, naturellement voluptueuse et qui se nourrit
bien, ses yeux vifs, ses joues grasses et vermeilles, son
nez légèrement retroussé quoique gros, le prouvent
suffisamment. Croyez-vous maintenant devoir me sup-

poser aussi coupable que vous le disiez, je ne le crois pas, car les bonnes occasions sont rares.

— Non! mais Docteur, soyez dorénavant moins distrait ; on ne pourrait faire autrement que de la mauvaise besogne avec ces idées-là.

A ce soir. Bonjour.

CINQUIÈME NUIT.

On a répandu de par la ville que ce candidat que j'examine étant obligé de quitter Orléansville pour de nouveaux travaux qu'il avait entrepris, refuserait l'honneur de faire partie du nouveau conseil municipal.

Il serait regrettable qu'un homme déjà honoré de la presqu'unanimité de vos suffrages, ne fût point réélu cette fois parce qu'il aurait donné sa démission pour des causes résultant de divergences d'opinions sur des points intérressants qui concernent vos intérêts.

Mais la conversation que j'ai eue avec lui, m'a confirmée son intention d'accepter l'honneur d'un nouveau mandat si par vos choix réfléchis vous n'admettiez que les hommes absolument indispensables, qu'aucune influence ne saurait détourner du vrai but : pour les intérêts communaux.

— Docteur, à vous de parler.

— Ce sujet dont le nez est assez prédominant, son amour des produits introduits par Nicotin, le calme qui règne toujours sur sa physionomie, doivent naturellement le placer dans l'ordre des mammifères de l'espèce a laquelle appartient l'animal que quelques personnes regardent comme la souche nombreuse des rongeurs dont les travaux sont surtout remarquables' dans le Canada et de la même famille que les rongeurs dont il a été déjà parlé, qui comptent dans leurs rangs des ingénieurs dont les ponts construits par eux n'écroulent pas.

Je né crois pas me tromper.

—

Un homme dont je viens d'apercevoir la figure est dans son magasin qui est fermé, ce qui m'empêche de vous offrir le vrai puros ou l'excellent trabucos que l'on ne vend qu'ici.

Cet homme est comme la chouette, il écoute avec réserve, et sans paraître ne s'occuper de rien il s'occupe de tout. Ce sont de ces hommes précieux que peu de gens comprennent, ce qui du reste est beaucoup de leur faute, car, soit modestie ou paresse ils se tiennent à l'écart.

— Décidément il faut faire sortir celui-là de sa réserve. Qu'en dites-vous, Docteur ?

— Vous ne vous êtes pas aperçu que pour la même cause qui afflige quelques négociants, il sortait peu, mais comme cela est loin d'influer sur son caractère, on peut pour être juste, le classer suivant ma sublime méthode, parmi les mammifères de la famille des vulpins, quadrupède familier, docile et le plus intelligent des animaux.

Ce n'est pas un sot, non ! non ! et croyez-moi.

—

Pour abréger notre besogne, je crois devoir mettre les trois portraits suivants dans le même cadre. Ce sont trois marchands d'un fruit qu'en botanique on distingue comme étant une petite graine d'une saveur âcre et aromatique.

Ennuyés tous les trois par des souffrances qui diffèrent entre elles, il faut en conséquence les classer suivant l'application de votre immortelle méthode.

— Répondez, s'il vous plaît, Docteur,

— Je fais une très grande distinction entre eux : l'un, quoiqu'appartenant au genre ornithologique, espèce de martin-pêcheur, a comme position et comme caractère droit à vos suffrages; il ne recherche pas les honneurs, mais il a l'esprit juste et possède un jugement solide.

—

Le deuxième, aussi difficile à deviner qu'un rébus du *Charivari*, est une des victimes de l'invasion des coléoptères dans les cervelles orléansvillaises.

Qui n'a pas vu ce jeune homme se distinguer à la réception de la mitrailleuse à laquelle il avait accordé ce jour-là tout son amour. Pourtant il est modeste, sérieux (à l'exception de cette fois-là), travailleur et intelligent. Que voulez-vous, tout n'est qu'heur ou malheur sur cette terre.

On m'assure qu'il est guéri et qu'il a confessé depuis son innocence en matière politique.

—

L'autre martyr, s'il pouvait être comparé à l'espèce la plus remarquable des mammifères comme tact, préhension et odorat, ferait un bon conseiller municipal, car c'est un honnête homme; mais fâcheusement la pondération n'existe pas entre l'esprit et la matière.

Cherchez maintenant.

———

— Docteur, est-ce que la présence de cet homme taillé à peu près comme l'était Hercule, avec ses manches retroussées jusqu'aux aisselles; ne vous parait pas comme à moi, avoir un aspect menaçant ? Il est agité, nous regarde, et je crains qu'il n'ait conçu de mauvais desseins contre nous. Pourtant, en le regardant attentivement, à part cette singularité caractéristique qui lui fait croire qu'il est le fort des forts, c'est un homme doux, et je m'étonne de son attitude agressive.

— Chère Noctambule, avez-vous donc oublié la présence de notre rédacteur et le prenez-vous pour une ablette ? Ne remarquez-vous pas non plus que ce nouveau Cyclope à quatre-z-yeux y voit assez clair pour ne pas nous attaquer. — Rassurez-vous donc; vous n'avez pas pensé que cet homme était poursuivi de l'idée que vous alliez vous occuper de lui, et cette idée n'est qu'une toquade qui a germé depuis l'épidémie régnante.

Mais enfin, comme affinité avec les autres espèces de la nature, il peut être classé parmi les mammifères, genre de la famille des pachydermes ordinaires, mais gros, et dont l'adresse en chasse est surprenante.

Nommez-le si vous voulez; il n'est pas si terrible qu'il veut bien se plaire à le paraître.

—

Nous trouvons en ce monsieur un bon père de famille, occupant une position marquante et qui possède un trésor qui tenterait bien les Cartouches et les Mandrins du jour, si la garde qui veille à sa porte n'en défendait pas l'entrée.

C'est un des travailleurs les plus assidus d'Orléansville dont les études ont pour unique but la recherche du bien général. Comme il est assez connu et qu'il a fait ses preuves, il est inutile de chercher à démontrer son utilité dans le Conseil.

— Docteur, votre opinion, s'il vous plaît.

— Cette figure appartient au genre des mammifères

qui, d'une vivacité extrême, franchissent l'espace avec une incroyable rapidité. Mais chose remarquable pour ceux qui étudient le système des comparaisons qui ne sont que les déductions de mes recherches, c'est que comme travailleur, on doit plutôt l'assimiler au genre mammifère, espèce des rongeurs, dont plus d'un constructeur devrait consulter les plans.

Courage, travail, conviction, voilà votre homme, électeurs.

Et sur ce, bonjour.

SIXIÈME NUIT.

Je me trouve bien embarrassée à mon début, car mon impartialité me fait un devoir de traiter le sujet que j'ai sous les yeux d'une manière sévère ne répondant pas précisément à ma conviction intime, mais qui m'est imposée par la vérité.

C'est un riche colon, qui un des premiers a compris la valeur de cette contrée. Il serait à souhaiter que bientôt il puisse voir se réaliser les succès sur lesquels il a fondé ses espérances, car ce serait l'inauguration d'une ère nouvelle pour la prospérité du pays, dont tout le monde profiterait.

Ce que la majorité lui reproche, quoique légèrement à cause de son indépendance absolue, c'est de vivre dans un isolement tout à fait regrettable pour ses amis, car sa connaissance de la contrée et ses qualités spirituelles ne pourraient être que profitables, s'il communiquait plus volontiers avec les habitants qui seraient à même de le mieux connaître.

— Docteur, que dites-vous de cette figure-là ?

— Vous l'avez si bien caractérisée, qu'il ne m'est pas difficile de le classer parmi le quadrupède mammifère, qu'en terme de vénerie on appelle solitaire, qui est bien connu dans les Ardennes.

— Parfait, mais comme la solitude dans laquelle il vit est raisonnée, je crois que vous raisonneriez juste à votre tour si vous pensiez à lui.

Raisonnez donc.

—

Me voici en présence d'une forte tête qui a prouvé sa puissance. C'est de ce candidat dont je n'ai pas à dire un mot de recommandation, car il est connu et il a été suffisamment parlé de lui par ceux qui ont lu ses écrits fulminants.

Ce qui ne m'empêche pas de vous engager bien sérieusement, dans vos intérêts, de considérer les quatre mots partant du cœur d'une bonne et vieille femme, qui l'a conservé jeune comme patriotisme :

Nommez-le ! nommez-le !

— Docteur, dites quelles sont les affinités de cet homme courageux.

— Il est embarrassant pour moi d'indiquer les rapports de votre sujet, pour des raisons que toutes les universités comprendront. Cependant, quant au caractère, il est assimilable au genre des mammifères, espèce des solipèdes, dont le cheval fait partie. Animal belliqueux, consacré autrefois à Mars, dieu des combats, son histoire est celle de l'humanité parce qu'il est la personnification de l'aristocratie du sang et de la caste guerrière.

Nommez-le, électeurs ; il en faut comme cela aujourd'hui où tout dégénère.

—

Que vois-je en cette homme qui à l'heure où nous sommes, fume encore sa pipe ?

Son air aussi peu gracieux que l'ours, ne peut m'effrayer; néanmoins, pour être à mon aise, je vais prendre des précautions pour continuer mon étude.

C'est un républicain sincère, point bavard du tout, possédant le bon sens, d'un abord déjà qualifié et qui signifie prudence. Ce candidat sans ambition est sérieux dans toute l'acception du mot et ne sait pas confondre autour avec alentour.

— Docteur, parlez.

— Chère Noctambule, je vais devenir inutile si vous continuez à faire toute la besogne.

— Pardon, illustre Docteur, mais c'est que tous les sujets ne peuvent être traités par une femme de la même manière que celui-là.

Conclusion : Utile, utile, utile !

Bonjour, à ce soir.

SEPTIÈME NUIT.

Contrairement à notre manière d'opérer, nous allons, cette nuit, faire les portraits de trois sujets intéressants que nous mettrons sur le même tableau. Ce ne sont pas des étrangers et vous les connaissez depuis longtemps.

Le premier personnage, à droite du tableau, qui habite une maison dont le style architectural appartient à plus d'un ordre que je ne puis distinguer, veille encore au milieu de paperasses, de plans, de profils, etc. La lecture qu'il fait d'un ouvrage sérieux concernant l'avenir du pays, m'indique avec le reste qu'il en comprend parfaitement les besoins.

Les annotations qu'il fait et les notes qu'il prend sont la meilleure preuve que son travail est utile pour l'exécution des travaux urgents dont l'achèvement impatiemment désiré se trouve toujours retardé, au préjudice de la prospérité.

— Docteur, voulez-vous, à cette occasion, me dire comment vous allez classer cet individu ?

— Cet homme serait d'une nature assimilable au genre des hyménoptères de la tribu des formicaires comme travailleur si, à cause de la partie saillante de son visage, il n'y avait pas lieu de le classer parmi le genre des crustacés décapodes.

Dans tous les cas, son esprit droit, son savoir et sa volonté, font que les électeurs feraient bien de le classer parmi les conseillers, car il est nécessaire.

— C'est très vrai.

Le deuxième personnage, à gauche du premier, va se trouver tout à l'heure au milieu du tableau. Je le le vois travaillant comme le fait son voisin quoiqu'il soit tard, et étudiant plans, profils, routes vicinales ou départementales, canaux d'irrigation, barrages, etc., etc. Ses dossiers sont nombreux ; c'est sans doute un grand propriétaire.

En effet, et cette raison toute favorable à mon sujet ne peut manquer non plus que d'être profitable à son pays, *qu'il doit représenter en première ligne* à cause de sa position, de ses capacités spéciales et des connaissances approfondies qu'il a de tous les besoins.

Hardi colon de la contrée, les grands sacrifices qu'il a faits pour en connaître les ressources ne l'ont point découragé ; au contraire, sa foi en l'avenir s'est augmentée par l'expérience qu'il a acquise. Ses idées sont

libérales ; il est instruit et dévoué. Sur qui donc pour-
riez-vous arrêter un choix mieux étudié ? Dites-le moi,
électeurs intelligents.

— Docteur, qu'en pensez-vous ?

— Tout étant d'accord avec vous, cela ne m'em-
pêchera pas de classer votre sujet, suivant mon impé-
rissable méthode, parmi le genre des palmipèdes, soit
les hydrobates ou les canards proprement dits, à cause
de sa démarche assez drôlatique.

— Très bien, Docteur ; ce n'est pas une raison pour
méconnaître notre homme, et je vous réponds que
cela ne sera pas.

Le troisième personnage occupe maintenant la gauche de notre tableau, qui va être achevé. Comme ses
voisins il travaille et, chose assez curieuse, c'est que
comme eux aussi il est entouré de plans, de paperasses, d'instruments géométriques, de livres de mathé-
matiques, etc., etc., qu'il consulte tour à tour avec une
attention si soutenue qu'elle dénote en faveur de ses
aptitudes, et indique qu'il s'occupe du pays.

Vous le connaissez, électeurs ; dans plusieurs circonstances il a prouvé son indépendance en s'écartant
des partis et s'est fait connaître comme ayant une
conviction profondément attachée pour tout ce qui est
utile ; il a donné aussi des preuves de son attachement
pour ce pays, qu'il paraît avoir adopté. Or, c'est un indispensable.

— Docteur, votre pensée, s'il vous plaît, suivant votre doctrine ?

— En applaudissant à toutes vos pensées sur ce sujet, je ne puis ajouter pour le classer que ceci : c'est
qu'il peut être assimilé à l'ordre des mammifères qui
dans l'Intérieur de l'Afrique sont appelés Zourafa ou

Djourafa, à cause du développement peu ordinaire en longueur de leurs cols.

Nous avons fait ce soir une fameuse rencontre, n'est-ce pas, Docteur? J'en suis heureuse, car elle nous permet d'apprécier qu'avec du bon sens on peut composer une bonne assemblée municipale à Orléansville qui restera en dehors de toute passion.

Terminons et bonjour.

—

— Illustre docteur et vous Rédacteur qui habitez le pays depuis cinq ans, je viens vous consulter concernant la question des Israélites.

J'avais d'abord l'intention de faire des recherches particulières sur le caractère et l'indépendance de chacun des principaux d'entr'eux ; mais dans les circonstances présentes il me serait assez difficile de m'en occuper pour ne pas m'écarter de la question politique qui les regarde et qui reste tout à fait en dehors de ma mission.

— Qu'en dites-vous, Docteur ?

— Vous êtes en philosophie la personnification d'Iswara, qui signifie intelligence suprême créatrice et conservatrice; donc, vous avez raison.

— Et vous, cher Rédacteur, que pensez-vous de mon observation ?

— Je la trouve juste, d'abord parce qu'elle va m'épargner de la besogne, et puis ensuite parce que le peuple d'Israël ayant son culte à part et puis des rapports sociaux et commerciaux qui diffèrent essentiellement des nôtres, tout cela fait qu'indépendamment de la question religieuse, en ce qui les intéresse pour la représentation au conseil, les électeurs israélites qui sont pour la plupart intelligents et roués en affaires, comprendront que le but poursuivi par la vraie et saine majorité, ne peut en aucune façon leur être nuisible, et qu'ils peuvent avoir confiance aux hommes qu'elle choisira, dont d'ailleurs ils sauront distinguer les aptitudes.

Au contraire; je suis sûr que cela dit étant compris, l'intelligence suivra l'intelligence.

Bonjour.

UNE MATINÉE A PONTÉBA. — 23 octobre 1871.

J'ai pensé que comme il me faudrait plus d'une nuit d'études sérieuses à faire sur Pontéba et que le temps nous manque absolument, je vais esquisser l'ensemble à vol d'oiseau et en quelques mots.

C'est une population ingouvernable, intelligente et honnête, mais peu unie.

Or, travaillez, Docteur; je laisse à votre science le soin de la mieux définir.

— Il me faudrait tout comme à vous beaucoup de temps pour établir toutes les affinités de chacun de ses habitants si je m'en rapportais à ma doctrine. Mais, j'abrégerai en conservant en moi toute ma science pour conclure ainsi :

Je ne vois dans ce pays que des ambitieux d'honneurs, chacun voulant être quelque chose dans les légumes.

Peu de capacités pour gouverner.

Beaucoup de morgue.

Chacun votant aujourd'hui pour celui-ci ou celui-là dont il ne voudra plus demain.

Les autorités locales ne s'accordent pas entre elles en raison de ce qui précède.

Des fortes têtes — qui manquent de force.

Des avocats de différentes écoles qui n'ont que martel en tête.

Enfin, pas mal de gens qui ne comprennent pas toute l'importance qu'aurait pour eux une forte unité pour arriver au but qu'ils recherchent.

Adieu !

UNE SOIRÉE A LA FERME. — Même jour.

Pour les mêmes raisons expliquées à Pontéba, nous allons aller bon train ici.

Nous avons disséqué attentivement corps et âme la commune d'Orléansville, cela nous suffit ; mais en ce qui pouvait nous intéresser dans ses annexes qui méritent notre attention, nous avons dû y renoncer faute du temps qui nous manque, car passé le délai qui nous est imposé, nous n'aurions fait rien qui vaille.

Beaucoup de gens comme ailleurs voudraient avoir les places honorifiques et qui ne craignent pas de les rechercher ; comme cela ne nous regarde pas, nous allons rapidement dire que nous maintenons notre prédilection pour le protégé de la Somnambule, malgré nos bons sentiments pour un citoyen déjà élu, qui compte toujours parmi les honorés.

Je vous ai parlé dans l'intérêt de la vérité, — voyez.

— Docteur, à vous.

— Vous avez raison toujours.

Bonsoir.

UNE MATINÉE A L'OUED-SLY. — 24 octobre 1871.

Que sont devenues vos espérances, colons qui avez cru trouver la pie au nid en recevant la faveur d'une concession qu'une commission nommée *ad hoc* a bien voulu vous accorder? O êtres privilégiés! quelle chance avez-vous eue là! Et dire que si la commission avait été intelligente, il n'y aurait pas à cette heure un lot à donner et que tout serait en pleine exploitation. Mais la commission, qui n'avait pas sa raison d'être, nous le prouverons quand on voudra, ne pouvait pas s'écarter des faibles limites qui lui ont été imposées, et puis, et puis!... elle n'a pas compris son mandat, ce que nous prouverons encore quand on voudra.

Quoi qu'il en soit des preuves à fournir, nous indiquons le mal passé pour qu'il soit écarté dans l'avenir; l'espace ne manquant pas, donnez de l'espace, et si vous, commission future, vous ne voulez pas comprendre cela, toutes les infortunes des gens qui pleins de confiance arriveront pour créer, retomberont sur vous si vous ne leur facilitez pas les moyens de réussir avec le travail.

— Docteur, quel remède indiquez-vous ?

— Il faut que le rôle des farceurs s'éteigne.

RETOUR A ORLÉANSVILLE.

Le temps nous manque pour achever notre œuvre. Il nous restait encore à faire les portraits de quelques personnes que nous aurions eu beaucoup de satisfaction à vous faire reconnaître; mais l'impossibilité nous force de nous arrêter. Nous le regrettons vivement, parce que cette série qui manque à nos recherches les aurait complétées.

— Docteur, nous allons clore le procès-verbal et songer à notre départ.

— Très bien, fort bien; mais si nous nous croquions nous-mêmes?

Tiens, c'est une bonne idée. Qu'en pensez-vous, Rédacteur?

— C'est parfait. Mais qui de nous trois croquera l'un ou l'autre?

— On tirera au sort.

Et cela fait, la Noctambule croquera le Docteur, le Docteur la Noctambule, et le Rédacteur se réserve de se croquer tout seul pour plus de liberté et d'impartialité.

Bonsoir.

A demain matin 25 octobre 1871.

———

La Noctambule. — En parlant de vous croquer, Docteur, je n'ai accepté que le mot pour vous faire des observations, qui bien que tardives, n'en porteront pas moins leurs fruits. Ainsi, depuis que vous m'avez un peu initiée à votre système en cherchant à le comprendre, c'est drôle tout de même, mais je suis tracassée, car pour vous parler franchement, je ne me rappelle pas du tout d'avoir vécu avant de venir au monde.

Bien qu'étant pour la doctrine à cause de la confiance que j'ai en vous, il y en a beaucoup qui ne voudront pas y croire et qui diront : Que diable vient-il nous chanter avec ses âmes qui rentrent dans le corps des animaux? est-ce qu'il nous prend pour des bêtes? Des âmes qui voyagent, des âmes qui montent et descendent dans l'échelle des êtres, des âmes qui vont à quatre pattes ou qui poussent des feuilles, c'est vraiment carrière à étudier tout de même.

Veuillez avoir la bonté de me répondre, cher Docteur, pour qu'avant notre séparation je puisse au moins pénétrer un peu plus dans les mystères de vos transformations ou pérégrinations; autrement je concevrais toujours, malgré moi, certains doutes que vous pouvez éclaircir dès aujourd'hui.

Le Docteur. — Le doute est permis, madame, parce que douter n'est pas nier et qu'il est tout à fait naturel de chercher à comprendre la lumière, tandis qu'au contraire l'indifférence est coupable parce qu'elle conduit droit aux ténèbres.

Or, vous avez pensé avec raison qu'il vous était nécessaire de ne pas rester plus longtemps dans une incertitude qui ne pourrait guère satisfaire votre lucidité?

Vos opérations m'ont pleinement satisfait, car pour la première fois, j'ai vu expérimenter de pareils travaux. Aussi ne viens-je point m'inscrire en faux contre votre science parce que je ne puis la comprendre que superficiellement. Vous devez donc avoir en moi la même confiance que celle que j'ai en vous, ne fût-ce que par réciprocité.

Ah ! parbleu, si vous écoutez les disciples de l'erreur et du mensonge, qui ne répandent que de fausses doctrines dont de misérables sophistes, par des détours captieux, cherchent à renverser la mienne, vous serez bien loin de la vérité. Il ne suffit, en effet, que de voir combien souvent sont justes mes comparaisons. Quelquefois elles peuvent sembler s'écarter de la vérité, par cette raison seulement, que la transformation ou la pérégrination ne s'opèrent que par des degrés désignés par Demiourgos; et l'étude que j'ai faite de son échelle me permet d'affirmer qu'il faut quelquefois des siècles avant que la transformation se fasse en vertu de la loi suprême de l'Être des êtres.

En route, chère Noctambule, nous en causerous plus amplement puisque nous partons ensemble demain.

Il ne nous reste pour terminer qu'à présenter nos hommages respectueux aux habitants d'Orléansville, auxquels nous souhaitons pour prochainement un meilleur avenir, et à remercier notre rédacteur, auquel nous souhaitons aussi bonne chance.

Salut et fraternité à toute épreuve.

Dernière note du Rédacteur.

Aujourd'hui vingt-six octobre, je viens de conduire au chemin de fer mes hôtes.

Que puis-je ajouter à ce qu'ils m'ont dit? Rien. — Je me bornerai à faire les réflexions suivantes, qui sont expressément le sens de ma pensée qui renferme, *en élixir*, toute l'ironie et le mépris que j'ai dans mon cœur pour ces êtres égoïstes ambitieux et ombrageux qui détestent la supériorité. Je ne fais ici qu'une citation dont le vrai ne peut être démontré qu'en écrivant beaucoup sur ce sujet inépuisable.

Point ne vaut la peine d'aller plus loin. J'ai traduit en comprenant mes maîtres, et comme Césarine, mon prédécesseur, j'ai adouci autant que j'ai pu les expressions terribles à l'adresse de plusieurs, parce que tout ce que l'on peut dire n'empêcherait pas le passé d'avoir été et puis enregistré, ni l'avenir d'être, ce qu'en sournois il réserve à celui qu'il a mis sur ses tablettes.

Électeurs ! Après que vous aurez apporté toute votre attention sur ce que vous pouvez lire aujourd'hui, vous pourrez éprouver quelque peine à reconnaître tout votre monde. Cependant si vous vous en donnez la peine avec un peu de réflexion, il ne sera pas embarrassant de comprendre les distinctions qui ont été établies, car quoique voilées il ne faut qu'un peu de perspicacité pour apercevoir la pensée des auteurs.

Vous ne trouverez pas d'exclusions motivées pour des causes sérieuses ; mais comme il n'est pas possible que tous nos personnages puissent être du conseil municipal autant estimables qu'ils soient, j'espère que vous aurez compris les accentuations désignant suffisamment la préférence qu'accordera toujours avec bonheur votre très humble serviteur, au véritable mérite.

Sur ce, je dis à tous :

Salut et fraternité.

BOURDON.

Orléansville, 26 octobre 1871.

Miliana. — Imp. Eug. Guillaume.

9782013487849